Musik in der Häschenschule
ISBN 978-3-480-40142-0

Einband- und Innentypografie: Christine Sassie
Reproduktion: Schwabenrepro GmbH, Fellbach
Druck und Bindung: Livonia Print, Riga, Lettland

© 2020 Alfred Hahn's Verlag / Esslinger
in der Thienemann-Esslinger Verlag GmbH
Blumenstraße 36, D-70182 Stuttgart
www.thienemann-esslinger.de
Printed in Latvia
2. Auflage 2020

Musik in der Häschenschule

Verse und Bilder von
Anne und Rudolf Mühlhaus

esslinger
ALFRED HAHN'S VERLAG

Was durch Geschick der eig'nen Hände
man andern Gutes tuen könnte,
sieht man im Buch gewissermaßen
an unserm Fritz, dem kleinen Hasen,
der fleißig, hilfreich, ungeniert
von ganzem Herzen musiziert
und so bei Tage und bei Nacht
die Welt ein wenig heller macht.

Als Kind schon schlief Fritz schwerlich ein,
Musik musst' bei dem Beten sein.
Die Mutter sang manch fromme Weise,
doch das genügt in keiner Weise.
So holt mit zögerlicher Pfote
der Vater Opas Quetschkommode
vom Boden, wo sie lang gerostet,
weil jede Reparatur viel kostet.
Er dehnt den Balken aus und ein
und spielt, und Fritz schläft friedlich ein.

Dass musisch er sich hören lasse,
spielt Fritz die Geige vor der Klasse.
Der Lehrer nickt und denkt: Im Leben
hat's manchem halt der Herr gegeben.
Ich hoff', dereinst wird mit Entzücken
der Fritz die ganze Welt beglücken.
Wer sonst von Wissen keinen Dunst,
der macht's vielleicht mit edler Kunst.
Im Kanon singt man wechselweise,
mal falsch, mal richtig, laut und leise.

Am Wasserfall, wo die Forellen
am Grunde hin- und widerschnellen,
denkt Fritz, es müsste auch gelingen,
den Fischen Lieder beizubringen.
Denn alles, darauf möcht' er schwören,
was lebt, das kann gewiss auch hören.
So spielt er träumend in Gedanken.
Ob es die Fische ihm auch danken?
Ihm macht es, was er nie bereute,
wie eh und je die größte Freude.

Ein alter Kater, hochgeehrt,
ist in sein Dorf zurückgekehrt.
Er wüsste gern nach Tag und Jahr,
ob alles so blieb, wie es war.
Als er durch Stall und Scheune strich,
wie gern erinnerte er sich.
Hier fehlt ein Haus und dort ein Tor,
es kommt ihm so befremdlich vor.
Doch mit der Ziehharmonika
ist seine Jugend wieder da.
Fritz hat ihm, wenn man's recht bedenkt,
die alte Heimat neu geschenkt.

Wie gerne, sprach der graue Reiher,
hört' ich am Bache sanft die Leier.
Das ist's, wonach ich lang schon lechze,
statt bloß das Klappern und Gekrächze.
Da spielt ihm Fritz am Weiherrohr
etwas auf seiner Leier vor
und tröstet ihn: Es gibt doch neben
Musik noch anderes im Leben.
Man kann am Wasser, Wald und Wiesen
die Lieder anderer genießen.

Der Bote von der Post ist krank
und Fritz vertritt ihn, Gott sei Dank.
Das Posthorn bläst er wohlgemut
und jeder ringsum kennt ihn gut.
Pakete, Päckchen und Adressen,
verteilt er, niemand wird vergessen.
Die Mütter sind's, die meist erwarten
die längst ersehnten Ansichtskarten.
So eilt der Fritz von Haus zu Haus
und hilft dem kranken Postler aus.

Der Fuchs und Dachs, die lieben beiden,
seit Jahren miteinander streiten,
wer besser Solos singen könne
und so den großen Preis gewönne.
Sie knurren laut und kläffen,
wenn sie im Wald sich wieder treffen.
Zum Ausgleich spielt Fritz frisch und flott
auf seinem herrlichen Fagott.

Das kleine Bärenkind Annette
liegt schon seit Wochen krank im Bette.
Trotz aller Mühen, wie es schien,
es half ihr keine Medizin.
Doch Fritz sprach: „Halt, ich weiß es besser,
hier hilft kein Eingriff mit dem Messer."
Mit seiner Mandoline brav
spielt er Annette in den Schlaf.
Die macht ihm selig lächelnd kund:
Musik, die heilt und macht gesund.

Wer zieht der Orgel Klangregister,
auf den Pedalen weise misst er
den rechten Takt zum Präludieren?
Da braucht sich unser Fritz nicht zieren,
gewaltig tönt der ganze Chor
und öffnet weit das Himmelstor.
Die Balgentreter mächtig treten
nach jedem Vaterunser-Beten.
So dankt der Fritz mit jedem Zuge
durch eine schöne Bach'sche Fuge.
Vom Wiegenlied bis hin zur Bahre:
Es bleibt Musik der Engel Sprache.

Wo blieb der Fritz mit den Gedanken
dicht bei den spitzen Brombeerranken?
Ein rascher Fehltritt, Fritz, der schreit,
doch keine Hilfe weit und breit.
So reißt es ihn mit viel Gekrach
stracks in den steinereichen Bach.
Gar arg zerschunden Bein und Rücken,
der teure Geigenbass in Stücken.
Hierbei kann jeder leicht erfahren:
Es lauern überall Gefahren!

Der Vögel frohes Frühlingssingen
kann wirklich nur mit Fritz gelingen.
Begleitend leicht mit dem Fagott
spielt er so federleicht und flott.
Der Kuckuck, Specht und Wiedehopf,
die singen traulich Kopf an Kopf.
Die Drosseln, Schwalben und die Meisen
dem Herrgott alle Ehr erweisen.
Von früh bis spät ein Dankeslied
laut jubelnd durch die Wälder zieht.

Im Wald an sprudelnd klaren Quellen
und unterm Farn an Wasserfällen
sitzt Fritz mit seiner Klarinette
und spielt mit Wirbeln um die Wette.
Könnt man auf, was die Quellen künden,
nicht musikalisch Antwort finden?
Ach, singt nicht alles laut und leise
ganz heimlich seine eigne Weise?
Wer lauscht aufs Loblied der Natur,
kommt manchem Liede auf die Spur.

Es kamen zum Versöhnungsfeste
aus Wald und Felde viele Gäste.
Getrost stimmt Fritz zur Friedensfeier
die hochberühmte Griechenleier.
Und manche Augen, wie mir deucht,
die wurden bei den Liedern feucht.
Sogar der alte Rotfuchs nickt:
Was heute Abend uns geglückt,
ach könnte es doch stets so sein,
um sich des Lebens zu erfreu'n!

Der Wolf auf seinen Hinterkeulen
fängt an, um Mitternacht zu heulen.
Er bellt den Vollmond an, der Gute,
und klopft mit seiner grauen Rute.
Fritz spielt ein Lämmerlied, ein leises,
das ihn besänftigt, Fritz, der weiß es.
Ob die Musik ihn wirklich zähmt,
fragt Fritz sich traurig und beschämt.

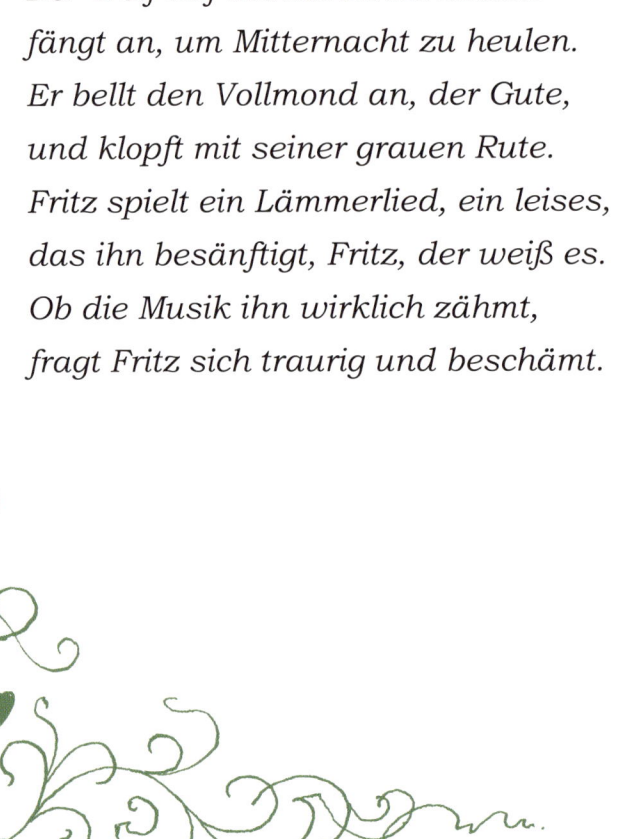

O weh! Aus Kammer und Gemach
schlägt Feuer, es schlägt aus dem Dach.
Fritz bläst das Horn, die Not ist groß,
wer rettet die im Hause bloß?
Um Herr zu werden aller Flammen,
hilft alle Nachbarschaft zusammen.
Man rettet kaum noch eine Tasche,
das Haus ist nur noch Schutt und Asche.
Fritz tun die Hasen alle leid,
vor Unglück ist man nie gefeit.

Mit Singen, Pfeifen und Gequiek'
macht man zum Fasching die Musik
und schließt, juchhe, das Ganze
mit einem Faschingstanze.
Fritz spielt die Basstrompete
für Hasenhans und Max und Grete.
Fesch unter Fuchses Leitung
ist jeder in Verkleidung.
Ach, wär's doch so das ganze Jahr,
das wäre wirklich wunderbar!

Die Silberflöte ward gestohlen
von einer Elster unverhohlen,
die Fritz so dringend, wie ich seh,
heut Abend braucht zur Soiree.
Fritz sagt sich traurig und verdrossen:
Was gibt es doch für Zeitgenossen,
die andrer Eigentümer rauben
und sich sogar im Recht noch glauben,
und wie, so fragt er sich beflissen,
verträgt sich das mit dem Gewissen?

Da weiß das Eichhorn guten Rat,
das diesen Raub gesehen hat.
Es fand der Elster Baumversteck
und nahm ihr alle Beute weg.
Nach ausgestand'nem langen Harme
nimmt Fritz das Eichhorn in die Arme
und spielt ihm, wie man deutlich sieht,
ein allerliebstes Wiegenlied.
Drum sei am Ende noch betont,
dass rasche Hilfe immer lohnt!

Wie ist nach Tagesmüh'n der Abend
so friedevoll, erquickend, labend.
Dabei ist man in Gedanken
bei all den Armen und den Kranken.
Fritz holt sogleich, je nach Bedarfe,
die alte väterliche Harfe.
Man singt natürlich dazu gerne
beim trauten Scheine der Laterne.
Des Tages Arbeit ist vollbracht,
zum Schluss sagt man sich „Gute Nacht"!